AF466161

INVENTAIRE
X24076

DEUX

DISSERTATIONS:

I. SUR

L'ORIGINE DU LANGAGE,

ET II. SUR LES RUNES.

AVEC DES

ESSAIS SUR DIVERS SUJETS.

A COPENHAGUE,
Chez CL. PHILIBERT.

MDCCLXVII.

Ingenio ſtat ſine morte decus.

Ce dictum d'un Ancien ſe préſente aſſez naturellement à mon eſprit, en approuvant ce petit Ouvrage pour la preſſe. A COPENHAGUE, ce 5 Août 1767.

M. HÜBNER.

DISSERTATION

SUR

L'ORIGINE DU LANGAGE.

Nous avons deux hypothefes différentes fur l'origine du Langage.

Plufieurs Peuples d'entre les Payens fe difent *Antochtones*, *Aborigines* (*a*), ou nés dans les pays mêmes qu'ils habitent.

Diodore de Sicile (*b*) rapporte les fauffes raifons

(*a*) Les Scythes, les Chinois, les Indiens, les Phrygiens, les Phéniciens, les Egyptiens, les Ethiopiens, les Grecs, les Goths, les Celtes, les Tufces, ou Etrufques, &c.

Prefque tous les anciens Auteurs accordent la préférence de l'antiquité aux Egyptiens ; voyez le Scholiafte d'*Apollonius*, liv. 4. *Herodote* & *Juftin* rapportent pourtant les difputes des Egyptiens avec les Phrygiens & les Scythes fur cet article ; & *Herodote* fe déclare pour les Phrygiens ; mais *Juftin* & *Pomponius Mela* pour les Scythes.

Les Arcadiens prétendoient follement être plus anciens que la Lune ; & *Diogéne* fe moquoit des Athéniens, en difant que la gloire d'être *Antochtones* leur étoit commune avec les fouris & autres vermiffeaux de l'Attique.

(*b*) Les Egyptiens prétendent que le genre humain a commencé en Egypte, & ils alléguent pour raifon la fertilité de leur terroir, & les avantages que leur apporte le Nil. Ils citent en particulier l'exemple des rats

raiſons particulieres qu'en donnent les Egyptiens, & les Ethiopiens (c).

Ces

rats (*), dont tous ceux qui le voyent ſont étonnés; car on apperçoit quelquefois ces animaux, préſentant hors de terre une moitié de leur corps déja formée & vivante, pendant que l'autre retient encore la nature du limon où elle eſt engagée. Il eſt démontré par là, diſent-ils, que dès que les Elemens ont été développés, l'Egypte a produit les premiers hommes, puiſque dans la diſpoſition même où eſt maintenant l'univers, la terre d'Egypte eſt encore la ſeule qui produiſe des animaux. *Diod. de S.*

Sic ubi deſeruit madidos ſeptemfluus agros
Nilus, & antiquo ſua flumina reddidit alveo,
Æthereoque recens exarſit ſidere limus;
Plurima cultores verſis animalia glebis
Inveniunt, & in his quædam modo cœpta ſub ipſum
Naſcendi ſpatium, quædam imperfecta ſuisque
Trunca vident numeris: & eodem in corpore ſæpe
Altera pars vivit, rudis eſt pars altera tellus.

OVIDIUS.

Les nouvelles eaux du Nil ont la qualité de rendre féconds les hommes & les animaux qui les boivent.

Fœtifer potu Nilus. PLINIUS.

(c) Les Ethiopiens ſe diſent les premiers de tous les Hommes; & il eſt vraiſemblable qu'étant ſitués directement ſous la route du Soleil, ils ſont ſortis de la terre, plutôt que les autres Hommes. Car ſi la chaleur ſe joignant à l'humidité de la terre, lui donne à elle même une

(*) On diroit volontiers que le limon du Nil eſt le germe univerſel, à qui toutes choſes doivent leur naiſſance dans cette partie du monde. *Maillet.*

Ces mêmes Peuples prétendent être les auteurs du Langage, & avoir inventé les différentes Langues de l'Univers, comme le dit encore *Diodore de Sicile* (*d*).

Malgré le faux & le paradoxe de cette hypothese payenne, plusieurs Auteurs, tant Ecclesiastiques que Laïques, se sont plus à débiter des conjectures ingénieuses sur cette prétendue origine du Langage (*e*).

„ On peut considerer, *disent-ils*, les premiers Hommes comme des muets, qui parloient aux yeux en se montrant des objets „ différens (*f*), & qui ne pouvoient com„ muni-

une espece de vie, les lieux les plus voisins de l'Equateur doivent avoir produit plutôt que les autres des êtres vivans. *Diod. de S.*

(*d*) Les Hommes nés de cette maniere menoient une vie sauvage ; ils n'avoient eu auparavant qu'une voix confuse & inarticulée ; mais prononçant differens sons, à mesure qu'ils se montroient differens objets, ils formerent enfin un Langage propre à exprimer toutes choses. Ces petites troupes, ramassées au hazard en divers endroits, & sans communication les unes avec les autres, ont été l'origine des Nations différentes, & ont donné lieu à la diversité des Langues. *Diod. de S.*

(*e*) *Gregoire* de Nysse, *Theodoret*, Péres de l'Eglise, *Richard Simon*, *Warburthon*, l'Abbé *Condillac*, *Locke*, *Fourmont*, *Wachter*, les *Auteurs de l'Histoire Universelle*, &c.

(*f*) *Cum prorepserunt primis animalia terris*
Mutum & turpe Genus. HORATIUS.

Un Prince du Pont demanda à l'Empereur Nerón un fameux Pantomime romain ; il vouloit s'en servir, disoit-il,

„ muniquer leurs pensées que par ces gestes, „ ces mouvemens du corps, qui paroissent „ si expressifs, quand les passions nous „ animent.

„ Ces gestes, ces mouvemens du corps, „ étoient accompagnés quelquefois de cris, „ & de sons confus (*g*), qu'un sentiment vif, „ qu'une impression nouvelle & violente des „ objets extérieurs, arrachoient à des hom- „ mes naturellement doués des organes de „ la parole.

„ De ces cris, de ces sons confus une „ heureuse industrie forma enfin des sons „ distincts & articulés (*h*), qui liés par convention

il, de truchement chez ses Voisins de Nations differentes, dont on n'entendoit point les Langues, mais auxquelles le Pantomime par ses gestes feroit tout comprendre. *Lucianus*, de saltat.

(*g*) La douleur, l'admiration, la surprise, le plaisir même (*), dérobent souvent encore aux organes de la voix, des murmures, des sons confus, indéterminés.

(*h*) *Donec verba, quibus voces, sensusque notarent,*
Nominaque invenêre. HORATIUS.
Dissimiles alia, atque alia res voce notare.
LUCRETIUS.

Psammétique, Roi d'Egypte, fit élever des enfans dans le dessein frivole de savoir quelle Langue la nature enseigne

(*) *Accedent questus, accedet amabile murmur*
Et dulces gemitus.
OVIDIUS, *art. amat.*

„ vention aux idées des objects extérieurs,
„ furent ensuite, pour ces mêmes hommes,
„ en les prononçant, les signes (*i*), ou mar-
„ ques arbitraires de toutes choses.

Il

---

feigne aux Hommes; ces enfans ayant enfin proféré quelques sons des plus naturels & des plus faciles, on crut reconnoître dans ces sons la Langue Phrygienne.

- - - - Dat cuncta vetustas
Principium Phrygibus: nec Rex Ægyptius ultra
Restitit, humani postquam puer uberis expers,
In Phrygiam primum, laxavit murmura vocem.

CLAUDIANUS.

De toutes les voyelles l'A est la plus aisée, & de toutes les consonnes le B, le P, & l'M, sont aussi les plus faciles à articuler; il n'est donc pas étonnant que dans toutes les Langues & chez tous les Peuples, les enfans commencent toujours par begayer *Papa, Baba, Mama;* ces mots ne sont, pour ainsi dire, que les sons les plus naturels à l'homme, parce qu'ils sont les plus faciles à articuler. *Buffon.*

(*i*) *Nomen est rei significatio, Syllabarum & Literarum beneficio.* PLATO.

Vocabula sunt rerum notæ. CICERO.

Utilitas expressit nomina rerum. LUCRETIUS.

L'Homme a une grande diversité de pensées, mais toutes invisibles & renfermées dans son esprit; cependant comme on ne pouvoit vivre en societé sans une communication de pensées, il étoit néceſſaire que l'homme inventât quelques signes extérieurs & sensibles, par lesquels ces idées ou pensées invisibles pussent être manifestées aux autres. Rien n'étoit plus propre à cela, à l'égard de la fécondité & de la promptitude, que ces sons articulés, que l'homme est capable de former avec tant de facilité

Il n'est peut-être pas nécessaire de remarquer que les premiers sons furent simples, & les premiers mots monosyllabes, tels que les organes, encore peu flexibles de ces nouveaux associés, pouvoient les proférer (*k*).

C'est principalement à *Theuth*, ou à *Mercure*,

& de variété. Les sons & les mots ont donc été employés par les hommes pour être signes de leurs idées, par une convention arbitraire, en vertu de laquelle un tel mot a été fait volontairement le signe d'une telle idée. *Locke.*

Il se fait, par un constant usage, une telle connexion entre certains sons, & les idées designées par ces sons là, que les noms qu'on entend excitent dans l'esprit certaines idées avec presque autant de promtitude & de facilité que si les objets propres à les produire affectoient actuellement les sens. *Idem.*

Par le moyen des organes naturels de la parole, les hommes sont capables de prononcer plusieurs sons très simples, avec lesquels ils forment ensuite d'autres sons composés. On a profité de cet avantage naturel, on a destiné les sons à être les signes des idées, des pensées, des jugemens. Quand la destination de chacun de ces sons particuliers, tant simples que composés, a été fixée par l'usage, & que chacun d'eux a été le signe de quelque idée, on les a appellés *mots*. Ces mots, considérés relativement à la societé, où ils sont en usage, & regardés comme formant un ensemble, sont ce qu'on appelle le Langage de cette societé. *Dict. Enc.* Art. *Alph.*

(*k*) Combien de soins ne faut-il pas pour initier les individus naissans de la societé humaine dans cet art déja établi de la parole & du langage ; on peut juger par là de l'invention pénible, & des progrès tardifs de cet art difficile, dans les premiers âges du monde.

cure, que les Anciens attribuent l'invention & les regles de l'art du Langage (*l*).

Je passe à présent de l'erreur à la vérité, & je tâcherai d'expliquer la seconde hypothése sur l'origine du langage.

Les Rabbins (*m*) & nombre de savans Théo-

(*l*) *Fama refert hujusmodi Divinum Hominem nomine* Theuth *in Ægypto extitisse, qui Vocales Literas in infinito illo perspexit, nec unum quiddam esse, sed plures, & alias item, quæ non Vocis quidem, sed soni cujusdam essent partici-pes, illarumque numerum quendam esse cognovit : tertiam deinde Litterarum speciem distinxit, earum quidem, quæ nunc a nobis Mutæ vocantur; deinceps Literas soni expertes ac Mutas, ad unam usque singulatim discrevit, & Vocales & Medias eodem modo, donec ipsarum accepto numero, & undi-quaque ipsarum & Universis, Elementum nuncuparet. Cum autem perspiceret, neminem nostrum horum quicquam seorsim percepturum, nisi universa perciperet, hoc rursus vinculum excogitavit, quod quidem unum esset, & hæc omnia in unum componeret, unumque efficeret omnemque illam rationem uno quodam nomine Grammaticam cognominavit.* PLATO *in Philebo.*

Theuth est le *Mercure* des Grecs & des Romains. *Horace* dit de Mercure :

> *Qui feros gressus Hominum recentum*
> *Voce formasti catus.*

Mercure forma le premier une Langue exacte & reglée des Dialectes incertains & grossiers dont on se servoit. Il imposa des noms à une infinité de choses d'usage qui n'en avoient point. *Diod. de Sicile.*

(*m*) Les Rabbins prétendent qu'Adam fut créé avec une connoissance parfaite de toutes choses. On a eu des

Théologiens supposent chez nos premiers Parens une science & une langue infuse (*n*).

Il

Livres sous le nom d'*Adam*, de *Seth*, d'*Enoch* (*), & on a disputé sur l'authenticité & sur l'autorité de ces Livres.

(*n*) Tous les hommes qui après Adam viennent au monde par la voie de la génération, n'arrivent qu'après plusieurs périodes de leur existence à la perfection du corps & de l'ame, dont ils sont capables; mais il est à croire, qu'Adam ayant une origine divine, & sortant immédiatement des mains du Créateur, eut le don de la parole, comme il eut celui de la raison, la force du corps, & toutes les perfections d'un homme formé.

Nous voyons que des especes d'Animaux d'un ordre inférieur, naissent avec une science & des talens que l'art des hommes peut à peine imiter. Les nids des hirondelles, les cellules, ces hexagones des abeilles, sont toujours d'une même construction, & d'une régularité admirables. Les Castors naissent tous Architectes au Canada, & ce n'est ni à *Vitruve*, ni à l'expérience, qu'ils doivent l'art de bâtir des maisons à différens étages.

Dieu créa *Adam* & *Eve* pour vivre en société, & pour élever une postérité nombreuse dans la connoissance des devoirs & des nécessités d'une vie civile. Ils n'auroient pas pu remplir les vues & les ordres du Créateur, s'il ne les avoit pas gratifiés du don de la parole & du langage, qui leur étoient absolument nécessaires pour s'entrecommuniquer leurs pensées.

Adam donna des noms aux Animaux. Nous voyons que ces noms sont tous significatifs, & marquent les qualités particulieres de ces mêmes animaux. Ce n'est qu'immédiatement au Créateur qu'il pouvoit devoir une connoissan-

---

(*) Saint *Jude*, dans son *Epitre*, cite la *Prophétie d'Enoch*, & en rapporte des périodes entieres.

Il paroît par deux passages de l'Ecriture sainte, que les descendans d'Adam conserverent cette

---

noissance si vaste, si profonde, & un langage assez étendu pour exprimer toutes ces choses.

Presque tous les Interprêtes attribuent à Dieu même la confusion des langues à Babylone, supposans qu'il a fait parler miraculeusement plusieurs langues différentes à ces orgueilleux Architectes. Combien est-il plus probable & plus facile de croire, que Dieu créa Adam & Eve avec le don d'une seule langue ?

Les Apôtres eurent, à la fête de Pentecôte, le don miraculeux de parler tout d'un coup un grand nombre de langues étrangeres ; pourquoi ne voudroit-on pas que nos premiers parens, qui furent créés dans un état d'innocence & de perfection, eussent eu le don absolument nécessaire d'une seule langue ?

Les plus savans hommes du Paganisme ont reconnu l'origine divine du langage. *Orphée*, *Hésiode*, *Homere* distinguent entre le langage des dieux & des hommes.

Orphée dit en parlant de la Lune :

Une autre grande terre, que les Immortels appellent *selene*, & les hommes *mene*, qui a plusieurs montagnes, villes & maisons.

Hésiode dit,

Les Dieux nommoient *Abantis* l'Isle à laquelle on donna ensuite le nom d'Eubée.

Homere dit du fleuve Scamandre :

Le grand fleuve que les Dieux nomment *Xanthe*, & les hommes *Scamandre*, combattit avec Vulcain.

Platon & *Ciceron* attribuent l'invention des langues aux Dieux ;

cette langue jusqu'à la construction de la tour de Babylone ; car l'auteur de la Genése dit : *Alors toute la terre avoit une même levre, & une même parole.* Les Payens même convenoient que les premiers Hommes avoient une langue commune & universelle. Voyez *Eusébe*, Præpar. Evangel. lib. 9. ch. 14. 15.

Et plus bas encore, dit la Genése : *Ce n'est qu'un seul & même Peuple, & ils ont un même langage.*

On croira facilement que les savans ont fait de grandes recherches sur cette premiere langue, dont *Moyse* fait mention (*o*).

Les

Dieux ; *Platon* nous a laissé un Dialogue entier sur ce sujet.

Arbitror verissimum esse hunc sermonem; majorem videlicet extitisse quandam potentiam quam humanam, quæ prima illa Nomina rebus indiderit; ut quidem necesse sit, ipsa recte esse constituta. PLATO.

Perspicuum est, ipsos quidem Deos ea Nomina ad rectam rationem aptasse, quæ rerum naturæ consentanea sint. PL.

Ex hacne tibi terrena mortalique natura & caduca concretus esse videtur, qui primus omnibus rebus imposuit nomina? Quid est enim memoria rerum & verborum? Quid porro inventio? Profecto id, quod nec in Deo quicquam majus intelligi potest. CICERO.

(*o*) *Grotius*, *Richard Simon*, *Huet*, *Fourmont*, &c. supposent que cette langue primitive n'existe plus ; mais que les langues orientales, comme l'Hebreu, le Chaldaïque

Les Rabbins & après eux presque tous les Théologiens anciens & modernes se sont déclarés pour la langue Hébraïque (*p*), dans laquelle plusieurs

---

que ou le Syriaque, l'Ethiopien, l'Arabe, &c., qui ont une si grande affinité de mots, de constructions, de regles de langage, en font immédiatement dérivées.

Les Rabbins assurent qu'il se forma à Babylone soixante & dix langues différentes, rélativement aux soixante & dix chefs de famille dont Moyse avoit fait l'énumération.

(*p*) On peut juger de la prévention des Rabbins pour la langue Hébraïque, par l'invention de la *Cabbale*, dont une grande partie roule sur le mystérieux arrangement des mots & des lettres Hébraïques. *Fleuri*, & quelques autres Théologiens passent aussi les bornes de la modération, en disant, *que la langue Hébraïque paroît ressembler le plus au langage des Esprits, & que les bienheureux parleront probablement hébreu dans le Ciel;* mais tout le monde est obligé d'avouer, que la langue Hébraïque a par dessus toutes les autres les avantages de l'antiquité, de la simplicité, de la pureté, & qu'elle a toutes les marques les plus évidentes d'une Langue mere & originale.

Richard Simon, quoique du nombre de ceux qui croient la premiere langue entierement perdue, rend pourtant justice à la langue Hébraïque: *On ne peut pas douter*, dit-il, *que la premiere langue n'ait été très simple & sans aucune composition. Il semble que toutes ces qualités conviennent mieux à la langue Hébraïque qu'à aucune autre; car les mots de cette langue n'ont jamais, dans leur origine, plus de trois lettres, ou deux syllabes; & il y a même de l'apparence, qu'il y avoit, dans les commencemens, beaucoup plus de monosyllabes, qu'il n'y en a présentement.*

La Langue Hébraïque est toute significative, dit le savant *Fourmont*. En effet, tous les noms d'animaux, & presque

plusieurs savans Etymologistes ont cru trouver l'origine & les racines de presque toutes les langues de l'Univers.

A commencer par

I. L'ASIE.

Tout le monde sait que le *Chaldaïque*, le *Syriaque*, l'*Arabe* dérivent immédiatement de l'*Hébreu*, & n'en ont été que des dialectes, qui s'éloignent toujours de plus en plus de leur origine.

L'ancienne langue *Scythique* (*r*), répandue autrefois dans tous les pays du nord de l'Asie, avoit de la conformité avec la Langue Hébraïque; les dialectes de plusieurs peuples de la grande Tartarie, & des Nations de la Sibérie sont encore des restes de cette ancienne langue, & on a trouvé dans ces dialectes beaucoup de mots originairement hébreux.

La Langue *Malabare* est fort ancienne; elle regne dans l'Indostan, sur les côtes & dans les

---

presque tous les noms propres de la Langue Hébraïque accusent les qualités particulieres des personnes & des animaux; marques certaines d'une langue primitive & originale.

(*r*) C'est de cette ancienne Langue Scythique & de l'Arabe, qu'ont été formées les Langue Turque, & Persanne, & toutes les Langues modernes de cette grande partie de l'Asie, qui reconnoît la Loi Mahométane. L'Arabe est aujourd'hui la langue savante de tous ces peuples.

les Isles de la mer des Indes ; les Malays ayant autrefois eu l'empire de cette mer, & fait des conquêtes dans tous ces parages. Nous avons des Missionnaires habiles & intelligens qui assurent que le Malabare a de l'affinité avec la langue Hébraïque.

Reste encore la langue *Chinoise* pour les parties Orientales de l'Asie, comme la Chine, la Corée, le Japon, &c.; & il est connu combien les Jesuites ont trouvé de restes évidens de Judaïsme & de noms hébreux dans quelques provinces de la Chine.

II. L'EUROPE.

Il y avoit trois Langues générales dont descendent toutes celles d'aujourd'hui. La Langue *Grecque* dans les parties méridionàles, la Langue *Sarmate* ou *Esclavonne* dans les parties Orientales, & la Langue *Gothique* ou *Celtique* dans les parties Septentrionales & Occidentales de l'Europe.

La Langue Grecque dérive des Langues Orientales; *Herodote* & *Platon* l'avouent, & tout le monde sait que la Grece devoit aux Colonies Pheniciennes, Egyptiennes, &c., sa Langue, ses Arts, ses Sciences (*s*). *La Langue Latine dérive*

(*s*) Voyez *Thomassini* Glossarium universale Hebraicum & EUSEBE lib. IV. *Præparationis Evangelicæ*.

ve à son tour de la Langue Grecque, tenant le plus du dialecte des Aeoliens, comme le remarque Quintilien, l. 1. c. 6.; *& c'est du Latin que les Langues modernes, le* François, *l'*Italien, *l'*Espagnol, *&c.* tirent leur origine.

La Langue *Sarmate* ou *Esclavonne* a de l'affinité avec la Langue Hébraïque. *Les Sarmates,* dit un savant Auteur, *joignent les suffixes aux noms & aux verbes à peu près de la même maniere que les Hébreux* (*t*). *Les différens dialectes des Polonois, des Moscovites, des Bohémiens, des Bulgares, des Dalmates, les Esclavons d'aujourd'hui, sont des restes de cette ancienne Langue Esclavonne ou Sarmate.*

Nos Ancêtres, dans ces pays du Nord, qu'on appellera si l'on veut *Goths*, *Celtes*, ou plus généralement encore *Scythes Européens*, avoient une Langue générale, repandue autrefois dans toutes les parties Septentrionales & Occidentales de l'Europe. *Credo totum Orbem Arctoum, & Populos vicinos antiqua lingua Gothica usos fuisse.* ARNGRIMUS JONAS.

On observera pourtant, que les navigations & les Colonies des Phéniciens & des Carthaginois, sur les côtes de l'Espagne, de la France & de l'Angleterre, ont dû causer un mêlange de Langage sur ces mêmes côtes. *Odin*, & les autres

(*t*) PELLOUTIER, *Histoire des Celtes.*

autres Chefs des peuples Asiatiques, Conquérans & Législateurs de ces pays du Nord, y apporterent encore leur langue maternelle, que nos plus anciens Historiens nomment *Ase-Maal*, ou le Langage des Dieux; de-là cette quantité de mots Turcs & Persans que nous trouvons dans les Langues Islandoise, Danoise, Allemande. Le nom d'*Ases*, qu'on donna à ces Héros déïfiés, veut encore dire en Persan, les *Nobles*, les *Grands Seigneurs*; le mot *Giew*, se dit en Persan précisement comme en Danois, d'une personne brave, intrépide; *Dgin*, *Ghian*, esprit, ame, est le fameux *Gan*, cet esprit familier des Lappons, & le *Aand* des Danois; *Jord* ou *Jurd*, *Jord* la Terre; *Dsee*, Söe, Lac; *Cift*, Gift, marié; *Kojahn* *Koje*, Cabane ou Maisonnette; *A-ous*, *Ost*, Fromage; *Ilderim*, ce surnom de *Bajazet*, qu'on comparoit au feu & à la foudre, contient le mot Danois *Ild*, le feu, &c.

De tous les Dialectes modernes, le *Bas-Breton*, la Langue vulgaire du Pays de Galles, le *Biscayen*, le *Plat-Allemand*, la Langue des trois Royaumes du Nord, & sur-tout l'*Islandois*, (comme le dit notre docte *Stephanius*) conservent encore le plus de cette ancienne langue générale.

Plusieurs Auteurs, & nouvellement ceux de l'*Histoire universelle*, ont remarqué la grande conformité de quelques uns de ces Dialectes avec la Langue Hébraïque.

BIBLIOTHEQUE ROYALE I

Olaus Wormius, dans son *Dictionnaire Runique*, fait dériver plusieurs mots *Runes* de l'hébreu.

Le Langage des *Lappons*, celui des *Finnois*, (Langages qu'on sait être différens de ceux de tous leurs voisins (*u*), ont beaucoup de rapport avec la langue Hébraïque.

Hans Egede, Missionnaire célébre, assure *que les Grönlandois joignent les Pronoms possessifs aux noms substantifs, comme les Hébreux; & la Langue Grönlandoise a*, dit-il, *tout comme l'Hébraïque, des suffixes de noms & de verbes* (*x*).

III. L'AFRIQUE.

La Langue *Egyptienne* ou *Cophte*, l'*Ethiopienne*, la *Phénicienne* ou *Punique*, & la langue *Arabe*, ont été & sont encore en partie les Langues de tous les peuples policés & à demi policés de l'Afrique. On sait l'origine Hébraïque de la Langue Cophte, Ethiopienne, Arabe; & le savant *Bochart* a prouvé clairement, dans sa *Géographie sacrée*, que tous les habitans du pays de

(*u*) *Olearius*, *Sthralenberg*, &c. prétendent que les langages des *Lappons* & des *Finnois*, sont des dialectes d'une langue commune aux *Ostiaques*, aux *Morduins*, & à quelques autres Nations de la Sibérie.

(*x*) Notre savant *Wöldicke* a fait un traité entier sur ce sujet.

de Canaan parloient une même Langue, & que les Phéniciens ont extrêmement contribué à repandre cette Langue Phénicienne ou Hébraïque, par leur commerce & leurs Colonies dans presque toutes les parties de l'Univers.

IV. L'AMERIQUE.

Le nouveau Monde a sans doute été peuplé, à diverses reprises, par les Scythes Orientaux de l'Asie ; opinion, que les nouvelles découvertes des Moscovites aux environs du *Kamschatka* rendent plus que probable. *Le Pere* Lafiteau *nous fait voir chez les peuples Américains, la religion, les coutumes, les mœurs des Nations de l'Asie, & même de la Grece; il nous fait aussi retrouver en Amérique les peuples dont* Herodote & Pline *avoient parlé, & qu'on avoit mis au rang des choses fabuleuses.*

Ces peuples Asiatiques, pénétrant dans l'Amérique Septentrionale, y ont naturellement dû porter leurs Langages ; aussi voyons-nous, selon le rapport de quelques Savans, que les trois Langues meres de l'Amérique Septentrionale, la Langue des *Sioux*, la Langue des *Hurons*, & la Langue des *Algonquins*, ont plusieurs mots Grecs & Hébreux.

Il y avoit dans l'Amérique Méridionale une Langue générale & universelle (*y*), dont se for-

(*y*) Celle des Puricans. *La Barrere.*

merent enſuite pluſieurs dialectes différens. Mr. de la *Condamine* a trouvé dans tous ces dialectes des mots qui appartiennent inconteſtablement à la Langue Hébraïque. *Les mots*, Abba, Baba, *ou* Papa, *& celui de* Mama, *dit-il, qui des anciennes Langues d'Orient ſemblent avoir paſſé avec de legers changemens dans la plûpart de celles de l'Europe, ſont communes à un grand nombre de Nations d'Amérique, dont le Langage eſt d'ailleurs différent.*

Cette affinité vraie ou prétendue des anciennes langues, déterminera ſans doute la plus grande partie de mes Lecteurs en faveur de l'hypothéſe d'une langue primitive & univerſelle.

Res autem, quæ ſignificant, & quæ ſignificantur, ſunt infinitæ: quin etiam ſunt omne genus vocum, mutationes, fueruntque antea, & rurſus erunt, mutatione enim delectatur Seculum, etiam in verbis. SEXTUS EMPIRICUS.

DIS-

DISSERTATION

SUR

LES RUNES.

Barbara fraxineis pingatur Runa tabellis.

VENANTIUS FORTUNATUS.

On peut dériver le mot *Runes*, en Danois *Runer*, de *Renner*, *Canaux*, *Sillons* ; comme aussi de *Geryne* (*a*), *Mystere*, *Inconnu*, parce qu'on attribuoit à ce caractere des vertus singulieres & peu connues.

On gravoit ces Lettres sur la pierre, sur des planches de frêne, de hêtre, &c. (*b*).

Bog stavn, en Allemand *Buchstab*, est composé de *Bög*, *Büche*, un *Hêtre*, & de *Stav*, *Stab*, un *Bâton*, dont la forme faisoit le fond du Caractere

(*a*) *Olaus Wormius*, de Liter. Runica.

(*b*) *Literas Runicas saxis, œrique inscripserunt, & fago usi sunt, vel sorbo aucuparia* Rönne, *vel* Runebærs Træe, (bois portant des Runes) *nomen suum a Runis ipsis obtinens, magni semper æstimatum est: propterea quod præ aliis lignorum speciebus eam habet indolem, ut cum Literæ in cortici ejus exarantur, Arbor confestim succum ad cujusvis Literæ ductum protrudit, qui deinceps lapidis instar indurescit.* Rudbeck.

ractere Runique, qui se traçoit toujours en ligne droite. Livres, *Böger*, en Allemand *Bücher*, signifie encore le même genre de bois.

L'invention des *Runes* (*c*) se rapporte à *Odin*, & aux *Ases* ou *Asiatiques* (*d*).

Les

(*c*) *J'ai inventé les Runes*, dit *Odin* dans le *Havamaal*. ... *Havamaal, sive hæc metrificata moralia & res gestas Odini, cum a Gilso Suecorum Rege hospitaretur, tanquam pro festivo delectamento nec non doctrinali, in solenni Convivio recitata fuisse.* Edda *commemorat, ut appareat* As, *scilicet ipsum* Odinum *fuisse ejus Autorem.* Resenius.

Ocka Fimbultyr fornar Rûnar, & les anciennes Runes du grand Vieillard, qui est *Odin.* Wolu-Spaae Stroph. 59.

Asæ Wolu-Spaae, seu hos Versus Sibyllinos, una cum Idiomate ex Asia transportasse leguntur. Gudmundus Andreæ.

Runas invenies prævalidas, & prægrandes, quas formarunt Asæ, & incidit Fimbultyr, ou *Odin.* Edda Sæmundi.

(*d*) *Odini & Asiaticorum immigratione antiqua Lingua Islandica insigniter mutata fuit.* Olaus Verelius *in notis ad Histor. Gothrici & Horolfi.*

Ex indigenis ibi Asæ uxores sibi & filiis suis delegerunt, ut hæ Familiæ intra breve tempus per Saxoniam & totum Orbem Arctoum dispergerentur, & Lingua Asianorum facta esset propria & communis has terras incolentibus. Snorro Sturlæ in c. 3. Eddæ in fine.

Odinus omnia sua Rythmis elocutus est. Ipse & reliqui Fanorum Præsides Liodasmider *appellantur, hoc est* Scaldi, *Carminumque Magistri. Hæc enim scientia illis in septentrione nostro primam originem debet.* Ynglinga-Saga.

Les *Runes* sont *Lettres* (*e*), & *Caractere* (*f*).

On

(*e*) Les Runes ressemblent aux anciennes Lettres des Joniens.

L'Alphabet Runique n'étoit composé que de seize Lettres, comme celui de Cadmus.

Treize de nos Lettres Rûniques sont Grecques, *sono & potestate*, dit *Olaus Wormius*. La forme des Lettres Runiques paroît, à la verité, plus rude & plus irreguliere, comme tracées par les mains grossieres & peu habiles des Goths & des Celtes. Nous voyons aussi chez les Romains, des Lettres informes & séparées les unes des autres, sous les Consuls, & dans le tems de la République. On remarque que les Lettres changerent de forme, quand on a voulu écrire vite, & qu'on les a liées ensemble. Avant l'Art de l'Imprimerie, il étoit difficile d'arrêter & de fixer la figure des Lettres, comme nous trouvons encore chez les Ecrivains mille mains différentes.

(*f*) *Nostræ Literæ talia sortitæ sunt Nomina, quæ non solum rem aliquam genuina sua significatione exprimunt, sed etiam cum figuris ipsis quadrant. Veteris Linguæ gnarum etsi latere minime possit, quid cujusvis Literæ sit appellatio, nec ex majoribus nostris quisquam de eo dubitarit, siquidem e medio loquendi usu quodvis nomen sit depromptum, attamen & hoc ipsum figuris ipsis, quantum quidem licuit, & instituti ratio permisit, adumbrare conati sunt; ut hanc nominum, figurarum, & rerum harmoniam, curiosior hujus Literaturæ scrutator admirari satis nequeat. Id autem singularum Literarum apices perlustranti manifestius evadet;* ᚠ, *quod* Fee *vocant, armentum, peculium, & divitias dixerunt, repræsentat enim animal cornutum, aut taurum... Maxima vero divitiarum portio, antiquitus in armentorum & pecudum gregibus consistebat.* OLAUS WORMIUS. Il rapporte encore plusieurs exemples.

On trouve aussi l'usage des Hieroglyphes (*g*) chez nos Ancêtres.

L'An-

Cadmus *ideo* Alpha *primum Literarum, quod* Bos *ita Phœnicum Lingua dicitur, quem primum inter res necessarias existimant.* Plutarchus.

Nudas Literas in Poesi vocum loco posuerunt, quæ etiam haud raro integræ sententiæ vices supplebant. Hoc feliciter successit, quia Literæ Runicæ habent Nomina significativa in eadem Lingua. Hujus artificii varia præcepta extant in libro Scalda. Ol. Wormius.

(*g*) *Nostrates Runæ, duobus modis populum de rebus necessariis erudierunt, plane & aperte per Literas Runicas, tecte & Hieroglyphice per animalium figuras, aliarumque rerum paradigmata, quorum vestigia adhuc, tam in relictis Monumentorum saxeorum ruderibus, quam in lignis, & cornubus extant.* Olaus Wormius.

Majoribus nostris in more positum animadverto, cum memorabile quid ac mysticum memoriæ mandare voluerunt, præter Literas animalium & hominum figuras varie dispositas appingere. Quod evincunt tot in saxis & cautibus incisa emblemata. Consule Saxa Hunestadensia, Jellingensia, &c. Idem.

Hieroglyphicis insuper miris, ex animalium figuris diversis inscriptiones decorarunt, quibus tacite vel res gestas, vel officia ministrata, vel mores, vel virtutes & vitia demortui notarunt & adumbrarunt. Lupo *Tyrannum*, Agno *tranquillum & mitem.* Porco *sordidum*, Equo *generosum*, Leone *Regem*, Aquila *fortem exprimentes; cujus generis infinita passim occurrunt.* Idem.

Nonnulli, instar Ægyptiorum variis Animalium figuris pro Literis utebantur. Idem, l. 1. c. 21.

Les Ecossois employoient des Hieroglyphes, *in arcanis scribendis pro Characteribus*, dit *Boetius.*

Si

L'Antiquité des *Runes* est fondée sur l'Histoire (*h*), sur des Monumens (*i*) qui remontent incon-

Si l'on voit des Hieroglyphes en Egypte, à la Chine, dans le Nord, au Mexique, c'est que le premier signe, dont les Hommes devoient naturellement s'aviser, & dont ils purent convenir, fut la peinture des objets mêmes, les Hieroglyphes. L'Astronomie a conservé des restes de cette écriture Cyriologique, un *Cercle* est le signe du *Soleil*, un *Croissant* celui de la *Lune*.

(*h*) Le secret des Lettres étonna si fort nos Ancêtres, qu'*Odin* leur parut un Dieu, qui par la vertu de ces Caracteres avoit le pouvoir de faire des choses surnaturelles. Et plusieurs Historiens assûrent, que *Gilfe*, Roi de Suede, fut obligé de céder à la Magie & aux charmes qu'employoient contre lui ces Etrangers.

On donnoit au Caractere Magique le nom de *Ram-Runer*, ou *Runes dangereuses*. *Saxo Grammaticus* rapporte quelques exemples de l'usage qu'en firent Odin & ses Successeurs.

Les Strophes 100—101. du *Havamaal* font mention de Colleges, dans lesquels on enseignoit à la jeunesse le culte des Dieux, & le secret des Runes. *Tempus est, ut cessem loqui in Cathedra, quæ sita est ad fontem* Urdur ; *vidi & annotavi, auscultavi, quid loqueretur qui præfuit sacris Monumentis Runarum, & sic dixit.*

(*i*) Sans remonter avec *Rudbeck*, le visionnaire, jusques vers les tems du Déluge, on peut citer, entre plusieurs Monumens d'une Antiquité reconnue, celui de *Harald Hyldetand*, qui appartient incontestablement au troisieme Siecle. *Haraldus Hyldetand, in monumentum Patris, ejus res gestas, Rupi, quæ apud Bleckingiam mirandis Literarum notis interstincta conspicitur, per Artifices mandare curæ habuit.* Saxo Gramm. *in præf. pag.* 3. *& l.* 7. On y a encore trouvé au Siecle passé des fragmens de Lettres Ru-

 niques;

incontestablement aux premiers Siecles, & sur les précieux restes de ces Eddas, ou Odes (*k*), composées à l'honneur des Heros & des Dieux.

Ulphilas, Evêque & Missionnaire chez les Goths, à la fin du IV. Siecle, entreprit, pour l'instruction de ce Peuple, une traduction Gothe (*l*) de la Bible, en Caractere ou Lettres Runiques. Il essaya encore d'enrichir la langue Gothique de plusieurs lettres nouvelles, & rédigea le tout selon l'ordre de l'Alphabet Latin (*m*).

Mais

---

niques ; & dans un seul endroit, quatre Lettres entieres. *Harald* vécut du tems de l'Empereur *Galien*.

En fouillant dans les collines, qui couvrent les os ou la cendre de nos Ancêtres, on trouve des coûteaux, des scies, des haches, de pierre à fusil. Comment refuser une grande Antiquité au siecle dans lequel on ne connoissoit pas l'usage du fer & des métaux ?

(*k*) Auroit-on pu, sans le secours des Lettres, conserver, & transmettre à la Postérité, les Ouvrages des Anciens : Quoiqu'on convienne généralement que l'*Edda* que nous avons n'est qu'un reste des anciennes *Eddes*, ou *Fables Mythologiques*, composées en partie par les Ases mêmes.

(*l*) *Ulphilas* traduisit tous les Livres de la Bible, excepté ceux des Rois, croyant qu'il seroit dangereux de faire voir aux Goths, Nation féroce & portée au brigandage, le récit des Guerres & des Batailles du Peuple de Dieu. PHILOSTORGIUS. Nous n'avons plus aujourd'hui que les quatre Evangiles, imprimés à *Dordrecht* en 1665.

(*m*) C'est ce qui a engagé *Philostorgius*, *Socrate*, *Sozomene*, & plusieurs Modernes à croire, que les Missionnaires

Mais l'innovation manqua de ſuccès & de ſuite, on ne put percer dans les parties Septentrionales (*n*) de l'Europe, dans leſquelles on conſerva l'uſage des ſeize (*o*) anciennes Lettres Runiques, juſqu'aux X. & XI. Siecles.

Ce fut alors que les Moines accuſerent la Literature Runique de retarder les progrès (*p*) de la Religion Chrétienne. On proſcrivit, à leurs inſtances, un Caractere profane, qui avoit ſervi à

naires Grecs avoient enſeigné le ſecret des Lettres à nos Ancêtres, & qu'*Ulphilas* avoit inventé un Alphabet pour les Goths, composé en partie de Lettres Grecques & Romaines. *Ulphilas propriarum Literarum Inventor*, dit *Philoſtorgius*.

(*n*) *Si ex Runis Ulphilanis hauſtæ eſſent noſtræ Runæ, non abſolutiſſimum modo Alphabetum Runicum haberemus, ſed etiam eodem ordine, numero, & figura, poteſtate, & nominibus Elementorum digeſtum, quibus Ulphilanum.* Verelius *in Runographia*. Ce qui me paroît ſans replique.

(*o*) L'uſage des Chifres étoit inconnu à nos Ancêtres, auxquels les Lettres repréſentatives des idées numerales tenoient lieu de Chifres. Auſſi ne pouvoient-ils marquer que le nombre de ſeize, par le moyen des ſeize Lettres, dont leur Alphabet étoit composé.

(*p*) *Maxime a Chriſtianis eſt laboratum, ut Scripta & Monumenta Gentilia penitus obruerentur, æternæ oblivionis humo ſepultæ. Quia videlicet perſuaſum erat, quamdiu veſtigium cultus & Characterum antiquiorum, hominum animis obverſaretur, negotium converſionis non ſatis procedere. Literas igitur Romanas, ut ſanctiores Normannicis, tanquam Gentili ſuperſtitione pollutis, commutare viſum eſt.* Brynolfus Suenonius.

à marquer l'hiſtoire & le Culte des faux Dieux, & on lui ſubſtitua (*q*) le Caractere Romain, ſanctifié par l'uſage qu'on en faiſoit à Rome, pour exprimer les Oracles du Chriſtianiſme.

(*q*) *Contigit Anno Chriſti* 1001, *quod* Olaus, *orbis arctoi Monarcha inviƈtiſſimus, ob ſolidum Petri*, Skatt-Konning *dictus, re ipſa perciperet, cauſam eſſe Runes principem, cur eo, Chriſtiana Religio, tempore,* 188 *circiter annos, a quo* Bero 3. *Sueciæ Rex, ipſam tranſplantare in Scandiæ inceperat Regna, nullum plane progreſſum faceret. In concionem vocatos Regni Proceres interrogat, conſultatque, quid in tam arduo Religionis negotio faciendum foret. An Runæ Borealium Regnorum Literæ tanto hactenus tempore uſurpatæ penitus extirpandæ? Et utrum Latinæ, quæ petitio* Sylveſtri *Papæ fuit aſſidua, in priorem locum ſubſtituendæ? Hic ſuborta eſt non levis Controverſia; qua tandem ſedata, collatiſque ſententiis viſum fuit, (inſtigante quoque acriter D.* Sigfrido, *nuper ex Anglia in Sueciam, permiſſu Regis Mildredi accerſito,) plane extirpandas Gothicas Literas, quibus maledicta & blasphema Idolomania, doctrinaque erronea ac gentilis de Torero, ceteriſque Barbarorum Diis in Libris Scandicis deſcripta erat. Dictum, factum. Literis proinde in ignem projectis, Idolorum cultus aliquantiſper evanuit, Chriſtiana vero Religio indies per Boream invaluit. Sed una cum Idolomanicis ſcriptis, etiam ſine diſcrimine maxima Antiquitatum & Hiſtoricorum Scandicorum pars Vulcano traditur. Obſoletæ proinde Runæ, una cum Monumentis & Libris Manuſcriptis perplurimis. Poſtea nulla Tumba priſco more adornabatur, nec ullum Monumentum erigebatur, ſed Runæ miſerrime neglectæ, per primos quadringentos & quod ſupereſt hujus Millenarii annos.* Ericus Schrœderus *in præfatione Lexici Latino-Scandici.* Il cite ces paroles comme les ayant lues dans un ancien Manuſcrit.

Sæmundus, editor *Eddæ, Latinas Literas induxit in Islandiam, & e Literis Runicis, hæc Poemata in Literaturam vulgarem, (quæ inprimis maxime Latinam ſapuit,) tranſtulit, non compoſuit, ut monumenta teſtantur.* Gudmundus Andreæ.

ESSAIS

ESSAIS
SUR
DIVERS SUJETS.

Gregoire le Grand, fit brûler les Ouvrages de *Ciceron*, les Décades de *Tite Live*, enfin une bibliotheque entiere de Livres payens. Dans la préface de ſes *Oeuvres morales*, il ne fait pas gloire ſeulement de mépriſer les artifices de l'éloquence, mais il prétend même: *qu'il ſeroit indigne d'aſſujettir les paroles des Oracles céleſtes, aux régles de la Grammaire & du Langage* (a).

Ce Pontife détruiſit auſſi une grande partie des plus beaux Reſtes de l'Antiquité, pour empêcher

(a) *Ipſam loquendi artem deſpexi. Non barbariſmi confuſionem devito, præpoſitionum caſus ſervare contemno, quia indignum vehementer exiſtimo, ut verba cœleſtis Oraculi reſtringam ſub regulis Donati.* Ep. ad Lea, Epiſc.

Deſiderius, Evêque de Vienne, eſſuya de violens reproches de la part de *Gregoire*, pour avoir enſeigné la Grammaire & les belles Lettres. *Sine verecundia*, dit-il, *memorare non poſſumus, Fraternitatem tuam Grammaticam quibusdam exponere, quam rem moleſte ſuſcepimus, ac ſumus vehementius aſpernati, & quam grave nefandumque ſit Epiſcopo, ipſe conſidera.* Epiſt. 54.

pêcher, que les Etrangers & les Pélerins attirés à Rome par la dévotion, ne perdiſſent le tems à voir des Théâtres, des Arcs de Triomphe, & des Monumens payens.

Paul II. déclara Hérétiques tous ceux qui proféroient les mots d'*Academie* & d'*Univerſité*. On le vit encore perſécuter les Poëtes, qu'il accuſoit de vouloir rappeller les faux Dieux (*b*), & l'Idolâtrie du Paganiſme.

Les Goths ravageant Athenes (*c*), avoient condamné au feu toutes les Bibliotheques. Un de leurs Chefs s'y oppoſa, alléguant pour raiſon qu'il ne falloit point ôter aux Grecs ce qui les avoit amollis, & dégoutés du mêtier des Armes.

Le Clergé obtint par ſon crédit, & par ſes ſollicitations à la Cour de Conſtantinople, qu'on fit une recherche exacte des anciens Poëtes Grecs, dont on brûla la plus grande partie (*d*).

A la priſe d'Alexandrie par les Sarrazins en 642, le Général de l'Armée Muſulmanne demanda les ordres du Caliphe *Omar* ſon Maître, par rapport à la belle & immenſe collection de Livres qu'il y avoit trouvée. Le Caliphe lui répondit :

(*b*) Apollon, Minerve, & les Muſes.

(*c*) En 269.

(*d*) *Menandre, Bion, Alcée, Sappho, Apollodore, Philemon*, &c. Ce qu'on avoit ſauvé de la fureur des Goths & des Vandales, ne put échaper au zele des Peres de l'Egliſe.

pondit : „ l'Alcoran nous tient lieu de tout ; si „ ces Livres en différent, ils sont dangereux, „ s'ils ne contiennent que ce que nous avons „ dans l'Alcoran, ils sont inutiles, ainsi faites „ les brûler.

Le plus dangereux Livre de Controverse, est celui du célébre *Bossuet*, sur les *Variations des Eglises Protestantes*. Mais il seroit encore plus facile de faire un gros Volume sur les Variations de l'Eglise Romaine.

Est-ce dans le Pontificat de Rome, ou dans la Hiérarchie Angloise, qu'on peut trouver le Christianisme des deux premiers Siecles?

La Religion des anciens Romains avoit si fort dégéneré du Culte institué par Numa, que le Sénat, de peur de scandale, fit brûler les Livres qu'on trouva dans son Tombeau (*e*).

Damnosa quid non imminuit dies?
Ætas Parentum, pejor Avis, tulit
Nos nequiores, mox daturos,
Progeniem vitiosiorem.

HORATIUS.

Ho-

(*e*) En fouillant au bas du Janicule, on trouva le Tombeau du Roi Numa, qui renfermoit deux Coffres de pierre, dans l'un desquels se trouverent ses Livres, dont la moitié traitoit de la Religion, qu'il avoit établie chez les Romains. Quintus Petilius Prêteur, après avoir lu ces Livres, les trouva dangereux, & capables de ruiner la Religion, & sur son serment le Sénat les fit brûler publiquement. *Tite Live*, Dec. 4. l. 10.

Homere prétend déja que les Hommes de ſon Siecle n'avoient plus ni la taille, ni la force de leurs Ancêtres (*f*).

Pline, l'Hiſtorien de la Nature, a cru voir le Genre humain diminuer, & s'affoiblir continuellement (*g*).

L'uſage aſſez récent de l'Eau-de-vie & des liqueurs (*h*), pourroit altérer & affoiblir l'eſpece dans nos pays du Nord. On a vu périr des Nations entieres de l'Amérique Septentrionale, par les Vins brûlés que leur porterent les Européens.

C'eſt au Commerce de la Chine, que nous devons l'uſage des boiſſons chaudes. *Depuis cet uſage*, dit le fameux *Tronchin*, dans une Lettre, „ il s'eſt joint aux maladies décrites par les „ Anciens, de nouveaux maux, dont le ſiege eſt „ dans les nerfs, & qui leur étoient inconnus. „ Ces nouveaux maux ſont à preſent un peu „ plus de la moitié des maladies des gens aiſés. „La

(*f*) Ajax jetta un vaſte carreau de marbre aiſément. En nos jours, l'homme le plus robuſte auroit de la peine à en ſoutenir autant avec ſes deux mains. *Iliad.* l. 12.

(*g*) *Cunćto Mortalium generi, menſuram minorem in dies fieri.* Plin.

(*h*) L'uſage de l'Eau-de-vie ne remonte pas à deux Siecles dans les pays du Nord. Les Dames qui ſe plaiſent à élever de petits Chiens, leur donnent ſouvent de l'eau-de-vie pour les empêcher de grandir.

„ La vie retirée & sédentaire des Femmes, a
„ fait, de l'usage des boissons chaudes, un amu-
„ sement pour elles, elles se le procurent sans
„ peine, & il ne coûte presque rien. Mais elles
„ en souffrent plus que les Hommes, & ces Fem-
„ mes ainsi affoiblies sont moins fécondes, & si
„ elles le sont, c'est à pure perte, les fausses cou-
„ ches sont plus fréquentes, les Enfans qui écha-
„ pent au naufrage plus foibles & plus délicats.
„ C'est ainsi que la foiblesse de la race humaine
„ se perpétue, que les maladies des nerfs de-
„ viennent héréditaires, & que la propagation
„ diminue.

Fortes creantur fortibus & bonis.

HORATIUS.

Les Grecs (*i*) & les Romains exposoient les Enfans infirmes ou défectueux, & les Chinois ont encore le même usage (*k*). Parmi nous les Hommes difformes multiplient, & transmettent presque toujours à une postérité malheureuse, leurs infirmités & leurs défauts.

C'est

(*i*) *Plato* l. 5. de Rep. & *Arist.* Polit. l. 7. c. 6.

(*k*) La Religion, la Justice & la Charité proscrivent également ces usages inhumains & barbares. Mais ce pourroit être un objet de Police, de rendre les mariages des personnes défectueuses plus difficiles, plus onéreux, & par conséquent moins fréquens.

C'eſt par là que ſe forment des races de boſſus, de goûteux, d'éthiques, de graveleux.

Dans une Province voiſine, les défauts de la taille ont gagné la plus grande partie du beau ſexe. Si le ſeul intérêt de la dot & du douaire continue à y regler toutes les Alliances, je prédirois facilement le ſort & la figure des Générations à venir.

Ce ne ſont pas ſeulement les infirmités du corps, mais auſſi les défauts de l'eſprit, & les vices du cœur, qu'on voit paſſer à la poſtérité. Les défauts de l'eſprit ſe perpétuent facilement dans les Familles; moins viſibles ſouvent dans les enfans, ils reparoiſſent à la ſeconde & à la troiſieme génération. Il n'eſt point rare de voir des Enfans naître imbécilles, mélancoliques, cruels, avares, voluptueux. Les deux *Julies*, mere & fille, deshonorerent la Maiſon d'Auguſte. *Domitius*, Pere de *Neron*, répondit à ſes Amis qui le féliciterent ſur la naiſſance de ce fils, *que de lui & d'Agrippine il ne pouvoit rien ſortir que d'execrable & de pernicieux au Public* (*l*).

NOBLESSE.

Nos Vertus ont paſſé en Proverbe. On dit, *la nobleſſe des ſentimens*, *des ſentimens nobles*.

LA-

(*l*) *Suetone*.

Il paroît par deux passages de l'Ecriture sainte, que les descendans d'Adam conserverent cette

---

noissance si vaste, si profonde, & un langage assez étendu, pour exprimer toutes ces choses.

Presque tous les Interprêtes attribuent à Dieu même la confusion des langues à Babylone, supposans qu'il a fait parler miraculeusement plusieurs langues différentes à ces orgueilleux Architectes. Combien est-il plus probable & plus facile de croire, que Dieu créa Adam & Eve avec le don d'une seule langue ?

Les Apôtres eurent, à la fête de Pentecôte, le don miraculeux de parler tout d'un coup un grand nombre de langues étrangeres ; pourquoi ne voudroit-on pas que nos premiers parens, qui furent créés dans un état d'innocence & de perfection, eussent eu le don absolument nécessaire d'une seule langue ?

Les plus savans hommes du Paganisme ont reconnu l'origine divine du langage. *Orphée*, *Hésiode*, *Homere* distinguent entre le langage des dieux & des hommes.

Orphée dit, en parlant de la Lune :

> Une autre grande terre, que les Immortels appellent *selene*, & les hommes *meene*, qui a plusieurs montagnes, villes & maisons.

Hésiode dit :

> Les Dieux nommoient *Abantis* l'Isle à laquelle on donna ensuite le nom d'Eubée.

Homere dit du fleuve Scamandre :

> Le grand fleuve que les Dieux nomment *Xanthe*, & les hommes *Scamandre*, combattit avec Vulcain.

Platon & *Ciceron* attribuent l'invention des langues aux Dieux;

cette langue jusqu'à la construction de la Tour de Babylone ; car l'auteur de la Genése dit : *Alors toute la terre avoit une même levre, & une même parole* (o). Et plus bas encore : *Ce n'est qu'un seul & même Peuple, & ils ont un même langage.*

On croira facilement que les savans ont fait de grandes recherches sur cette premiere langue, dont *Moyse* fait mention (*p*).

Les

Dieux ; *Platon* nous a laissé un Dialogue entier sur ce sujet.

Arbitror verissimum esse hunc sermonem ; majorem videlicet extitisse quandam potentiam quam humanam, quæ prima illa Nomina rebus indiderit, ut quidem necesse sit, ipsa recte esse constituta. PLATO.

Perspicuum est, ipsos quidem Deos ea Nomina ad rectam rationem aptasse, quæ rerum naturæ consentanea sint. PL.

Ex hacne tibi terrena mortalique natura & caduca concretus esse videtur, qui primus omnibus rebus imposuit nomina ? Quid est enim memoria rerum & verborum ? Quid porro inventio ? Profecto id, quod nec in Deo quicquam majus intelligi potest. CICERO.

(*o*) Les Payens même convenoient que les premiers Hommes avoient une langue commune & universelle. Voyez *Eusebe*, Præpar. Evangel. lib. 9. ch. 14. 15.

(*p*) *Grotius*, *Richard Simon*, *Huet*, *Fourmont*, &c. supposent que cette langue primitive n'existe plus ; mais que les langues orientales, comme l'Hebreu, le Chaldaïque ou le Syriaque, l'Ethiopien, l'Arabe, &c., qui ont une

Les Rabbins, & après eux presque tous les Théologiens anciens & modernes, se sont déclarés pour la langue Hébraïque (q), dans laquelle plusieurs

une si grande affinité de mots, de constructions, de regles de langage, en sont immédiatement dérivées.

Les Rabbins assurent qu'il se forma à Babylone soixante & dix langues différentes, rélativement aux soixante & dix chefs de famille dont Moyse avoit fait l'énumération.

(q) On peut juger de la prévention des Rabbins pour la langue Hébraïque, par l'invention de la *Cabbale*, dont une grande partie roule sur le mystérieux arrangement des mots & des lettres Hébraïques. *Fleuri*, & quelques autres Théologiens passent aussi les bornes de la modération, en disant, *que la langue Hébraïque paroît ressembler le plus au langage des Esprits, & que les bienheureux parleront probablement hébreu dans le Ciel ;* mais tout le monde est obligé d'avouer, que la langue Hébraïque a, par dessus toutes les autres, les avantages de l'antiquité, de la simplicité, de la pureté, & qu'elle a toutes les marques les plus évidentes d'une Langue mere & originale.

Richard Simon, quoique du nombre de ceux qui croient la premiere langue entierement perdue, rend pourtant justice à la langue Hébraïque : *On ne peut pas douter*, dit-il, *que la premiere langue n'ait été très simple & sans aucune composition. Il semble que toutes ces qualités conviennent mieux à la langue Hébraïque qu'à aucune autre ; car les mots de cette langue n'ont jamais, dans leur origine, plus de trois lettres, ou deux syllabes : & il y a même de l'apparence, qu'il y avoit, dans les commencemens, beaucoup plus de monosyllabes, qu'il n'y en a présentement.*

La Langue Hébraïque est toute significative, dit le savant *Fourmont*. En effet, tous les noms d'animaux, & presque

plusieurs savans Etymologistes ont cru trouver l'origine & les racines de presque toutes les langues de l'Univers (*r*).

A commencer par

I. L'ASIE.

Tout le monde sait que le *Chaldaïque*, le *Syriaque*, l'*Arabe* dérivent immédiatement de l'*Hébreu*, & n'en ont été que des dialectes, qui s'éloignent toujours de plus en plus de leur origine.

L'ancienne langue *Scythique* (*s*), répandue autrefois dans tous les pays du nord de l'Asie, avoit de la conformité avec la Langue Hébraïque; les dialectes de plusieurs peuples de la grande Tartarie, & des Nations de la Sibérie sont encore des restes de cette ancienne langue, & on a trouvé dans ces dialectes beaucoup de mots originairement hébreux.

La

presque tous les noms propres de la Langue Hébraïque accusent les qualités particulieres des personnes & des animaux; marques certaines d'une langue primitive & originale.

(*r*) Voyez *Thomassini* Glossarium universale Hebraicum, & *Euseb.* lib. IV. *Præparationis Evangelicæ*.

(*s*) C'est de cette ancienne Langue Scythique & de l'Arabe, qu'ont été formées les Langue Turque, & Persane; & toutes les Langues modernes de cette grande partie de l'Asie, qui reconnoît la Loi Mahométane. L'Arabe est aujourd'hui la langue savante de tous ces peuples.

LABOUREURS.

Que les Hommes nés dans la Classe la plus utile des Laboureurs, y soient retenus par des liens presque indissolubles ; ils tendent trop à passer des travaux durs & pénibles de la campagne, aux occupations des Villes plus douces & plus aisées (*m*).

LUXE.

Il faudra convenir de l'utilité du Luxe consommateur, quand je ne verrai plus personne dans la Societé qui manque du nécessaire.

Nous avons été chercher nos Modes fort loin. Celle de prendre du Thée à la Chine, celle de prendre du Caffée chez les Arabes, & celle du Tabac chez les Iroquois.

Il importe beaucoup à l'Etat que la population soit favorisée, mais ce qui seroit encore plus intéressant, c'est le meilleur emploi possible des Hommes que vous possédés (*n*). Que l'édu-

(*m*) Du tems de Louis le Gros on affranchit les serfs en France. C'est de ces Affranchis dégoutés du travail, que se formerent les quatre Ordres de Religieux Mendians.

(*n*) Les Manufactures les moins utiles, sont celles qui multiplient chez nous les objets de la vanité, de la volupté, & du superflu.

Le Commerce le moins lucratif, est celui qui roule sur l'importation des Drogues & des Liqueurs, dont nous pourrions nous passer.

l'éducation prépare, que les Loix prescrivent, que l'exemple autorise les mœurs frugales & laborieuses.

Forme et Style des Loix.

Legem brevem esse oportet, velut emissa divinitus vox sit, jubeat, non disputet. Nihil mihi videtur frigidius, quam lex cum Prologo. Seneca *Epist.* 94.

Telles sont les Loix divines du Décalogue; telles furent les Loix de Solon, de Lycurgue, & celles des douze Tables. Telles sont encore nos Loix Danoises dans le Code de Chretien V.

Mais *Platon*, Législateur Philosophe, commence toujours par alléguer les motifs & les raisons de ses Loix. *Oportet*, dit-il, *Legislatorem omnibus Legibus præfationes præmittere, ut attentius & cum majori docilitate audiant Legis imperium, nec ante quicquam imperare, quam persuaserint.* De Legibus l. 4.

Multitude des Loix.

Le bonheur & la tranquillité des Citoyens dépend de la connoissance des Loix. Comment parviendront-ils à cette connoissance, quand elle est répandue dans une infinité de Volumes (o)? Il y a peu de Particuliers auxquels leur

(o) *Ex tantâ Legum multitudine, quæ in Librorum duo millia extendebatur.* Justinianus *in præf. Digest.*

Et

leur ſituation permette une étude auſſi longue que pénible.

IMMUTABILITÉ DES LOIX.

Les Athéniens recueilloient de tems en tems les Loix ſurannées, contradictoires, inutiles.

Les révolutions qui arrivent dans les uſages, dans les mœurs, & dans les intérêts de tous les Peuples, paroiſſent exiger qu'on faſſe des changemens dans leurs Loix (*p*).

FOR-

Et corruptiſſima Republica, plurimæ Leges. Tacitus, l. 3.

Selon *Platon* la multitude des Loix ne prouve pas moins la corruption & les déſordres de l'Etat, que la quantité des Médecins prouve le grand nombre des malades.

(*p*) *Leges jam ſenio prægravatæ, per noſtram vigilantiam in novam pulchritudinem, & moderatum pervenere compendium.* Juſtinian. *in præf. Digeſt.*

Les Loix que nous avions ſur la Communauté & les Communes, convenoient parfaitement à la ſituation dans laquelle étoient nos ancêtres, ſous CHRETIEN V; il y quatre-vingt années. Mais depuis que nous avons commencé à faire des Enclos, & que nous ſemons moins, pour recueillir d'avantage, nous ſommes trop heureux d'avoir eu en 1758, de nouvelles Loix rélatives à notre état, à notre induſtrie, & à la maniere nouvelle de faire valoir nos poſſeſſions.

Nous voyons ſubſiſter encore en France, en Allemagne, & dans les Pays du Nord, une Loi qui condamne les Sorciers au feu; & cependant la pratique des

 Parle-

Formalite's.

La forme emporte ſouvent le fonds. Il ne ſuffit pas d'avoir des droits & des titres, ſi vous négligés les formalités & les régles qui ſont preſcrites pour les faire valoir (*q*).

Contracts de Mariage.

La Communauté des Biens doit influer infiniment ſur le bonheur & l'intimité d'une Union, que les Loix civiles & religieuſés rendent indiſſoluble. N'eſperez point que les cœurs ſoient unis, quand les intérêts ſont diviſés (*r*).

Testa-

Parlemens, & des Tribunaux les plus éclairés y a dérogé depuis pluſieurs années.

Si nos anciennes Loix dictent des amendes, des peines pécuniaires, ſi elles fixent même les ſatisfactions à prix d'argent pour les torts faits aux particuliers ; comme la valeur de la monnoye ou du numéraire a prodigieuſement changé, on perd l'eſprit de ces Loix, qui ne paroiſſent plus aujourd'hui aſſez reprimantes pour les transgreſſeurs, ni aſſez favorables aux opprimés.

(*q*) Nous avons vu les Corſes reclamer les formalités de la Juſtice, en faveur des accuſés, & prétendre qu'on ne fit plus mourir perſonne, enſuite de la conſcience informée du Gouverneur Génois.

(*r*) *Ceſar* trouva dans les Gaules une coutume, qu'on obſerve encore dans nos Pays du Sleſwig & d'Holſtein. *Quantas pecunias*, dit-il, *ab uxoribus dotis nomine acceperant, totidem ex ſuis bonis facta æſtimatione communicabant*. l. 4.

La Langue *Malabare* est fort ancienne; elle regne dans l'Indostan, sur les côtes & dans les Isles de la mer des Indes; les Malays ayant autrefois eu l'empire de cette mer, & fait des conquêtes dans tous ces parages. Nous avons des Missionnaires habiles & intelligens qui assurent que le Malabare a de l'affinité avec la langue Hébraïque.

Reste encore la langue *Chinoise* pour les parties Orientales de l'Asie, comme la Chine, la Corée, le Japon, &c.; & il est connu combien les Jesuites ont trouvé de restes évidens de Judaïsme & de noms hébreux dans quelques provinces de la Chine.

II. L'EUROPE.

Il y avoit trois Langues générales dont descendent toutes celles d'aujourd'hui. La Langue *Grecque* dans les parties méridionales, la Langue *Sarmate* ou *Esclavonne* dans les parties Orientales, & la Langue *Gothique* ou *Celtique* dans les parties Septentrionales & Occidentales de l'Europe.

La Langue Grecque dérive des Langues Orientales; *Herodote* & *Platon* l'avouent, & tout le monde sait que la Grece devoit aux Colonies Pheniciennes, Egyptiennes, &c., sa Langue, ses Arts, ses Sciences. *La Langue Latine dérive ve à son tour de la Langue Grecque, tenant le plus du dialecte des Aeoliens, comme le remarque* Quintilien, l. 1. c. 6.; *& c'est du Latin que les Langues modernes, le* François, *l'*Italien, *l'*Espagnol, *&c.* tirent leur origine.

La Langue *Sarmate* ou *Esclavonne* a de l'affinité avec la Langue Hébraïque. *Les Sarmates,* dit un savant Auteur, *joignent les suffixes aux noms & aux verbes à peu près de la même maniere que les Hébreux (t). Les différens dialectes des Polonois, des Moscovites, des Bohémiens, des Bulgares, des Dalmates, les Esclavons d'aujourd'hui, sont des restes de cette ancienne Langue Esclavonne ou Sarmate.*

Nos Ancêtres, dans ces pays du Nord, qu'on appellera si l'on veut *Goths*, *Celtes*, ou plus généralement encore *Scythes Européens*, avoient une Langue générale, repandue autrefois dans toutes les parties Septentrionales & Occidentales de l'Europe. *Credo totum Orbem Arctoum, & Populos vicinos antiqua lingua Gothica usos fuisse.* Arngrimus Jonas.

On observera pourtant que les navigations & les Colonies des Phéniciens & des Carthaginois, sur les côtes de l'Espagne, de la France & de l'Angleterre, ont dû causer un mêlange de Langage sur ces mêmes côtes. *Odin*, & les autres

---

(t) Pelloutier, *Histoire des Celtes.*

TESTAMENS.

Tester, c'est faire une disposition contraire à la Loi générale, & commune à toute la Nation ; c'est intervertir l'ordre de la Nature ; c'est mépriser les droits que donne la proximité du sang (*s*).

FIDEI-COMMIS.

L'Orgueil des Hommes prétend passer les bornes que la Nature a prescrites à leur pouvoir, & à leur existence.

Le Public perd ces Fiefs, ces Fidei-Commis, qui ne sont plus partie du fonds de la circulation. Vous retranchez le prix & la récompense du travail & de l'industrie du Citoyen.

Les Terres ont haussé de prix, parcequ'il y en a peu d'alienables. On donne des entraves à la liberté, & on étouffe l'industrie de mille Laboureurs, qui ne peuvent jamais acquerir la proprieté du fonds & des fermes qu'ils cultivent.

Que le luxe ou la paresse des Enfans (*t*) fassent rentrer dans la Societé les Effets que les Parens avoient accumulés.

La Vanité porte un Pere à disposer de toute sa Fortune, en faveur de l'Ainé de sa Maison

---

(*s*) Le Code F - - - n'autorise que les Testamens faits judiciairement, & en pleine Audience.

(*t*) *Heroum Filii noxæ.*

Maiſon. Ce même Bien, partagé naturellement entre les Freres & les Sœurs, auroit ſervi à l'établiſſement de pluſieurs Familles, dont la population, l'activité, les ſervices, ſeroient infiniment plus intéreſſans pour la Patrie & le Souverain.

Modum Agri inprimis ſervandum putavere Antiqui, verumque confitentibus, latifundia perdidere Italiam, jam & Provincias. Plin. H. N. L. 18. c. 6.

Les anciennes Loix de Sparte, & d'Athenes, ne permettoient pas de réunir pluſieurs héritages ſur une même tête.

Nous voyons dans les Loix, données aux Iſraëlites par le miniſtere de Moyſe, de grandes précautions pour empêcher que les terres d'une famille ne paſſent point dans une autre.

Romulus, le fondateur de Rome, ne diſtribua que deux arpens de terre à chaque Citoyen (*u*).

Auſſi la population des Iſraëlites fut-elle extrême dans le petit & ſtérile pays de la Paleſtine : & cinq cent ans de guerres continuelles, ſouvent malheureuſes, ne purent épuiſer le Peuple Romain (*x*).

C'eſt

(*u*) *Bina tunc jugera Populo Romano ſatis erant, nullique majorem modum attribuit.* Plin.

(*x*) Une diſtribution égale des terres, obligeoit tous les Juifs & tous les Romains à ſe marier, & chacun trou-

C'eſt de la ſubdiviſion des Terres (*y*) que dépend le progrès de l'Agriculture, & celui de la Population.

---

trouvoit dans ſa portion de quoi nourrir une famille. Tout comme nos Payſans cultivateurs de petites Fermes, ne peuvent ſe paſſer du ſecours & de la ſocieté d'une Femme, dans leur ménage.

(*y*) *Laudato ingentia Rura, exiguum colito.* Virg.

Avec toute la ſagacité, l'induſtrie, & l'attention imaginables, il eſt pourtant impoſſible qu'un ſeul Homme faſſe dans le grand, ce que pluſieurs peuvent faire en détail. Ainſi dix Particuliers, qui auront chacun cent arpens de Terre, les feront toujours mieux valoir qu'un Proprietaire qui en aura mille à lui ſeul.

Le grand Proprietaire ſacrifie ſouvent l'utile à l'agréable, les avantages de la Societé à ſes fantaiſies & à ſes plaiſirs. On voit des Champs fertiles métamorphoſés en Jardins, en Parcs, en Avenues, toujours aux dépens de l'Agriculture & de la Population.

Cajus Licinius Stolon propoſa & fit recevoir une Loi, par laquelle il n'étoit permis à perſonne de poſſéder plus de cinq cent Arpens.

Quand on renferme les deſirs des Hommes dans de certaines bornes, il arrive, que dès qu'ils ont acquis ce que les Loix leur permettent de poſſeder, leur intérêt particulier n'occupe plus leurs paſſions, & ils ſont obligés de leur donner pour objet, l'intérêt public. Swift.

* * *
* *
*

ERRATA.

pag. 21. not. lign. 3. après *aucuparia* ajoutez un ..
— — — — 7. cortici *lisez* cortice.
— 27. lig. 2. on *lisez* ou
— 29. not. lign. 4. Lea *lisez* Leandrum.
— 31. avant les vers il faudroit plus d'espace qu'il n'y en a.

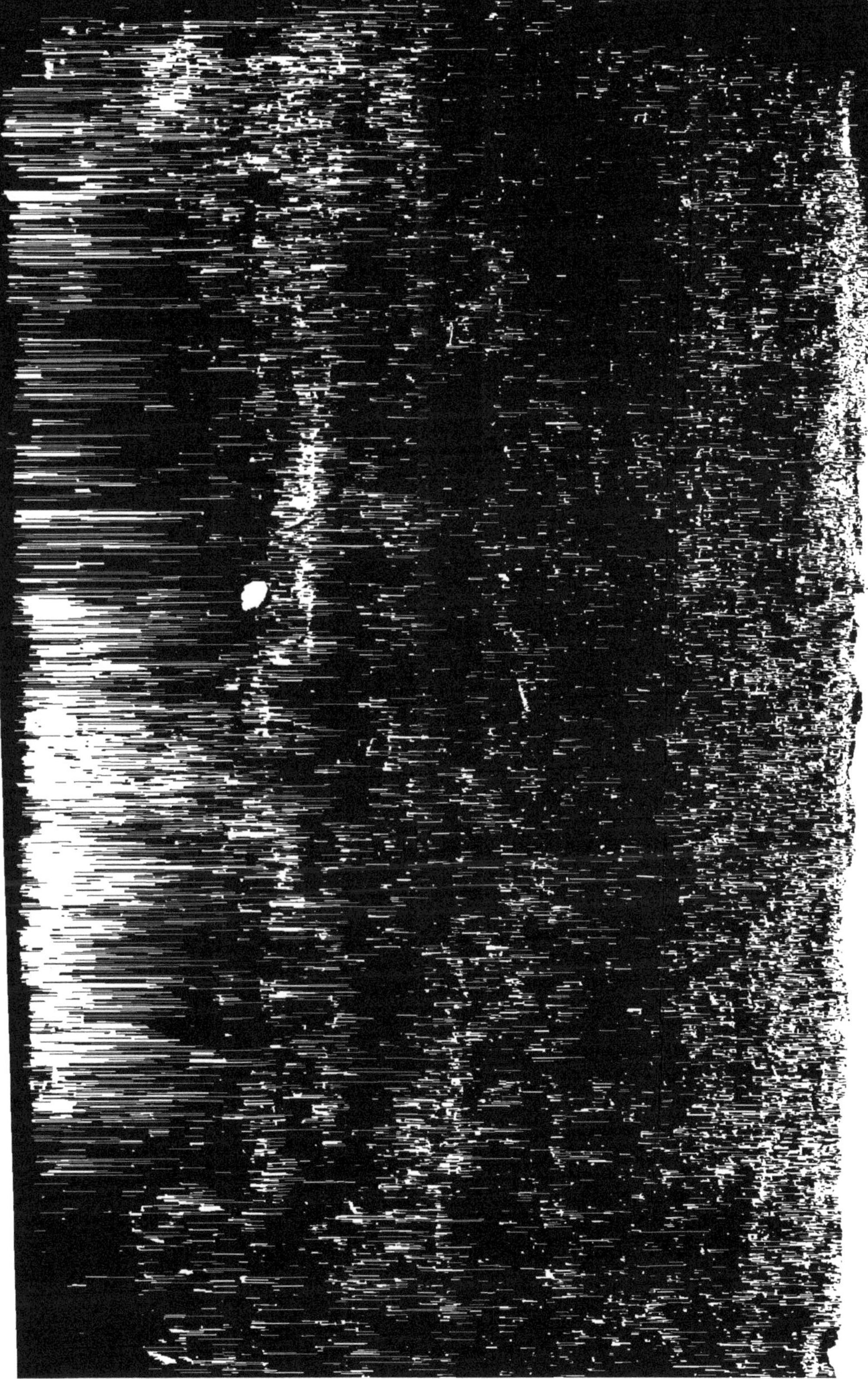

www.ingramcontent.com/pod-product-compliance
Ingram Content Group UK Ltd.
Pitfield, Milton Keynes, MK11 3LW, UK
UKHW020215200726
13856UKWH00004B/1415